26 Mars 1793

SOCIÉTÉ

DES

AMIS DE LA LIBERTÉ ET DE L'ÉGALITÉ,

SÉANTE AUX CI-DEVANT JACOBINS, SAINT-HONORÉ, A PARIS.

Du 26 Mars 1793, l'an 2me. de la République Française.

Adresse des Députés des Sociétés populaires du département des Basses-Alpes, réunis en Assemblée générale à Digne, le 11 Mars 1793, l'an second de la République Française.

REPRÉSENTANS

DU PEUPLE DE L'UNIVERS.

LE Tyran est mort, et c'est à la main qui l'a frappé que la République doit son

a

salut; ceux qui ont voulu le soustraire au glaive de la loi, ceux même qui vouloient retarder son supplice sont nos ennemis; et le vœu général de notre département rappèle les votans pour l'appel au peuple. Que les assemblées primaires soient autorisées à renouveller les corps électoraux, que les assemblées électorales procèdent au remplacement de ceux de nos Conventionnels qui ont perdu notre confiance, et nous serons tranquilles sur le sort de l'état.

Les députés des sociétés populaires du département des Basses-Alpes, réunis en assemblée générale.

Signé, AILLAUD, *Président* ; ROBERT, *vice-Président*, DECORIO aîné, VINCENS, *Secrétaires*.

COPIE de la LETTRE écrite aux Jacobins de Paris, par les SANS-CULOTTES de Manosque, le 22 Mars 1793, l'an second de la République.

VIVRE LIBRE OU MOURIR.

VOTRE lettre, frères et amis, du 8 du courant, a été reçue dans notre société avec le plus vif enthousiasme. Nos cœurs ont été électrisés, nos ames ont été embrasées par les étincelles du feu patriotique dont elle pétille à chaque phrase.

Depuis l'aurore de notre révolution nous avons les yeux fixés sur vous ; depuis cette heureuse époque nous scrutons avec des yeux de linx la conduite des pilotes du vaisseau politique, et toujours, oui toujours nous vous avons vu fermes dans vos principes, et inébranlables au milieu des plus violens orages. En vain la calomnie a-t-elle distillé ses poisons à grands flots contre vous; vous avez bravé son courroux et vous l'avez forcée à se taire, par votre constance à faire le bien. En vain des scélérats vous ont-ils me-

nacé de leurs poignards nationicides; prêts
à mourir, plutôt que de voir anéantir la
liberté, vous avez soucillé, et votre fermeté
les a écrasés sous le poids de l'exécration
publique. En vain le patriote par excellence,
l'homme vertueux, l'intègre *Rolland* a-t-il
fait tous ses efforts pour vous noircir, pour
soulever contre vous vos frères des départemens, le bout d'oreille de ce scélérat a
bientôt percé, et on n'a vu dans cet im-
posteur que le singe du pervers Lafayette.
En vain, aujourd'hui, quelques apostats de
la liberté, la clique des Buzot, des Louvet,
des Gensonné, des Barbaroux, etc. etc.;
veulent-ils vous anéantir, vous représenter
comme des assassins, des anarchistes; le
masque est tombé, et il ne reste à ce ramas
de traîtres, de bourreaux du peuple, que la
honte et le désespoir de vous avoir attaqués.
Jusqu'à quand le peuple souffrira-t-il que
ses amis les plus chauds, ses plus ardens
défenseurs soient exposés à boire le calice
d'amertume jusqu'à la lie? Jusqu'à quand
la vertu essuyera-t-elle des contradictions?
Après le 10 Août, tous les Français étoient,
disoit-on, patriotes. Eh! depuis le 10 Août

la France renferme dans son sein plus d'aristocrates qu'avant cette fameuse et à jamais mémorable époque. Nous sommes indignés, frères et amis ; oui, nous sommes indignés de voir dans le sein de la Convention des scélérats, des hommes pervers qui voudroient museler notre liberté. ,, Peuple de Paris, ,, jette un regard d'indignation sur ces in- ,, fâmes, et tes concitoyens des départemens ,, applaudiront à cet acte civique. ,,

Soyez fermes, Jacobins, à votre poste : les départemens sont pour vous ; ils vous estiment ; vous avez leur confiance, parce que votre vertu la leur a arrachée : continuez à soutenir la sainte montagne, qui s'oppose sans cesse aux efforts iniques de nos tyrans conventionnels. Ils ne souilleront plus long-tems, ces perfides, le sanctuaire de nos loix. Les départemens se lèvent ; nous venons d'imiter l'exemple de nos amis les Marseillois ; nous venons de signifier à ceux des députés du département des Basses-Alpes qui ont voté pour l'appel au peuple, qu'ils ont perdu notre confiance, qu'ils sont indignes d'être nos mandataires, et qu'en conséquence nous les rappelons. Les lâches !

ils vouloient nous faire entregorger ; ils vouloient, à la lueur de nos foyers incendiés,
élever sur un trône d'iniquité *leur bon ami
Louis*. Mais le peuple est là, leurs projets
liberticides ont échoué. Qu'ils retournent
maintenant dans leurs pays ; qu'ils viennent
nous faire succer leurs principes inciviques,
et ils verront.............

Citoyens, les circonstances sont critiques;
correspondez donc fréquemment avec nous:
éclairez-nous; instruisez-nous de ce qui se
passe à Paris, et vous nous trouverez toujours au poste de l'honneur; toujours vous
trouverez les sans-culottes manosquins,
qu'on a tant décriés à cause de leur brûlant
civisme, prêts à verser leur sang pour soutenir votre cause, qui est celle de la liberté,
de la sainte égalité. Dans le tems que tout
sembloit vous abanbonner, nous n'avons
cessé de prôner vos principes ; l'audacieux
Rolland n'avoit pas même osé nous aborder.
Notre cœur est franc, et nous abhorrons
cette éloquence fallacieuse, qui ne pouvoit
servir que sous le règne du despotisme.

Quelques exemplaires de la nouvelle cons-
titution, de cet enfant monstrueux, bien

digne de ceux qui lui ont donné naissance, circulent parmi nous. Nous l'avons examinéé, et au premier abord nous avons vu l'ouvrage des *Chapellier*, des *Barnave*, etc.

Hatez-vous, amis, de nous présenter un code social qui n'ait pour base que les droits de l'homme, car nous sommes las d'être la dupe de tant de frippons qui ne cherchent qu'à nous piller, qu'à nous tyranniser.

Manosque, jacobins, a des droits à votre estime et à votre sollicitude. Ennemie de l'intrigue, de la cabale, depuis la révolution elle n'a cessé d'être vexée. Le courage héroïque avec lequel elle s'est opposée aux manœuvres des reviseurs de l'assemblée constituante, des *Narbonistes*, des *Fayetistes* de l'assemblée législative, des Girondistes de la Convention, lui a attiré l'heureuse ire de tous ces scélérats. Ouvrez-lui donc les bras, ô vous, avec qui ses principes consonnent; adoptez-la, comme les Marseillois, pour votre fille chérie, et dites-lui qu'elle peut s'adresser à vous et que vous prêterez une oreille attentive à ses réclamations.

La société des anti-politiques républicains de Manosque.

ROCHON, *Président.* P. F. TASSY,
Secrétaire. L. LETH; DRAY; RO-
BERT, *rédacteur*; VEGAN; BONETY;
LORCIWY, *secrétaire*; P. A. ROUX,
secrétaire.

Adresse à la société des anti-politiques
républicains à Manosque, département des
Basses-Alpes, district de Forcalquier.

———————

ADRESSE

*De la Société des amis de l'Égalité et de la
Liberté séante à Arles, aux vrais Réprésen-
tans du Peuple.*

Arles, ce 23 mars 1793, l'an 2ᵉ de la République.

LÉGISLATEURS,

NOS Frères de Marseille ont été les fidé-
les interprètes de nos sentimens et de nos
vœux, lorsqu'ils ont manifesté leur vive indignation au côté droit de la Convention,
Montagne sainte, c'est vers vous que s'é-

lèvent nos regards ; c'est de vous que nous attendons le salut de la patrie : que la sagesse qui préside à vos délibérations , qui dicte vos décrets , éclaire la conduite de ces perfides mandataires , déconcerte leurs coupables projets;ou plutôt dites-leur au nom de tous leurs commettans , au nôtre : ,, Ci- ,, toyens , jusqu'ici nos collègues , vous ,, avez perdu la confiance du Peuple : fu- ,, yez du milieu de nous , ne souillez plus ,, le sanctuaire de la Liberté et de l'Égalité ,, de votre haleine empestée ; allez rejoin- ,, dre ces émigrés que vos trahisons tâchent ,, de faire triompher. Couvrez-vous du moins ,, des armes des courageux scélérats qui ,, déchirent le sein de leur mère ; ne vous ,, parez pas d'une hypocrite tendresse , pour ,, lui porter des coups plus sûrs , dans ,, l'ombre dont vous savez vous envelop- ,, per ,,. Entendez-vous , représentans de Coblentz , cet arrêt sorti de la bouche de nos vrais représentans ? il exprime notre volonté : obéissez, ou craignez la fureur d'un peuple justement irrité contre vous!

LÉTHYAS , *du Comité de correspondance.*

La Société ayant entendu la lecture de cette

adresse , en a arrêté unanimément l'adoption , la présentation aux sections primaires , et l'envoi aux Sociétés affiliées , après qu'elle aura été imprimée.

Signés , Coudelier , *Président* ; Imbert , Isnard , *Secrétaires.*

La même adresse ayant été lue aux Sections primaires assemblées , en a reçu l'adhésion unanime.

Signés , Evrard père , *Président de la section de l'Obélisque* , B, Allemond , *Secr.* Baudesseau , *Présid. de la sect. des Augustins* , Siber , Chabert , *Secr.* Clair , *Président de la sect. des ci-devant Capucins* , A. Manteau cadet , *Secrétaire.*

COPIE de la Lettre écrite aux Jacobins de Paris , par le Comité de Correspondance et de surveillance de Strasbourg , le 29 mars , l'an 2me de la République , une et indivisible.

FRÈRES ET AMIS,

L'INDIGNE Gorsas continue son bavardage contre-révolutionnaire, nous vous envoyons copie de la lettre que cet archi-scélérat a arraché à notre indignation. **Nous vous invitons à lui donner le plus de publicité qu'il vous sera possible.**

MONSIEUR DE GORSAS,

„ Vous devez voir , avec surprise, que
„ des hommes purs et vraiment amis de la
„ liberté correspondent avec vous , mais le
„ sentiment intime de votre perfidie doit
„ vous dire que c'est pour vous couvrir d'op-
„ probre.

„ Depuis trop long-tems vous faites cir-
„ culer gratis le poison de votre journal , les
„ empoisonneurs en chef ont sûrement soin
„ de vous défrayer ; la citoyenne Laveaux ,
„ à qui vous avez constamment adressé cette
„ peste morale , l'a présentée à la société.
„ L'indignation de deux à trois mille Ré-
„ publicains s'est manifestée ! Au feu , au
„ feu Gorsas ! des musiciens patriotes
„ étoient- là ; le *ça ira* s'est fait entendre
„ pendant les préparatifs et au moment où
„ vos feuilles ont été présentées à une
„ flamme civique , nos Citoyens , les héros

» de la liberté et les Jacobins ont entonné
» le couplet : *Tremblez tyrans , et vous per-*
» *fides , l'opprobre de tous les partis.*

» Nous vous envoyons les cendres qu'a
» fournis vos feuilles pestilentielles ! Nous
» ne pensons pas qu'elles puissent vous
» rendre sage ; mais du moins vous verrez
» que nous savons vous apprécier.

» Lira-t-on cette lettre dans votre cor-
» respondance des départements , ART. Bas-
» Rhin. De crainte que votre modestie or-
» dinaire vous empêche de la rendre pu-
» blique , nous en envoyons des copies aux
» Jacobins de Paris et au petit nombre des
» journalistes patriotes qui se chargeront
» de payer ce tribut à votre gloire . »
Suivent les signatures.

Notre société , dans sa séance d'hier sur
la motion de Laveaux , a arrêté une adresse
à la Convention dans les principes de celle
des Marseillois qui ne reconnoissent pour
les vrais représentans de la République que
ceux qui ont voté pour la mort du tyran ,
et qui siégent constamment sur la montagne.
Laveaux a prouvé très-éloquemment que
les divisions qui bouleversent la Républi-

que partent du sein de la Convention , et que si vous voulez bien sincèrement la République , il faut que le marais de la Convention s'élèvent jusqu'à la montagne ou que la montagne écrase le marais. Cette motion et ce discours ont été vivement sentis par notre société et nos nombreuses tribunes , et l'adresse a été arrêtée à l'unanimité. Nos braves défenseurs de la garnison ont demandé à la signer , en déclarant qu'ils étoient tous de la montagne.

Déprès Cassier nous est enfin ôté ; il va à Huningue, où il peut encore faire du mal ; il conviendroit mieux, pour l'intérêt de la République , renvoyer ce glorieux imbécile planter ses choux.

On nous annonce le général Sparr pour successeur ; nous ne connoissons point cet étranger.

Cérisia, dit-on, doit remplacer dans notre ville le brave Coustard. Cerisia est connu à Strasbourg pour un intrigant et un feuillant de la première trempe.

Voici notre réponse à l'envoi d'une adresse de la société populaire d'Amiens à la Convention Nationale.

,, Nous ne doutons pas que parmi vous
,, il ne se trouve un grand nombre de braves
,, Sans-Culottes, aussi nous ne les confon-
,, drons pas avec les fripons qui se sont
,, glissés dans votre société. Ces fripons sont
,, ceux qui vous ont engagés à faire cette
,, abominable adresse à la Convention Na-
,, tionale, que le marais même a censurée,
,, sur les vives réclamations de la montagne.
,, Cette adresse anti-civique a été brûlée
,, par les Sans-Culottes de Strasbourg; ils
,, vous en envoyent les cendres, pour en
,, marquer au front ses auteurs. ,,

Le comité de correspondance et de surveillance.

MASSÉ, *Archiviste des Sans-Culottes;*

AUROST; MOYAUX GURSHING.

M^{el}. COINDRE, *Secrét,ire.*

La société a arrêté l'impression de ces différentes pièces, dans sa séance du 6 avril 1793, l'an 2ᵉ de la République.

Signés, MARAT, *Président.*
DUBUISSON, *vice-Président.*
JAY, DUQUESNOY, *Députés.*
COINDRE, DEPERRET, CHAMPERTOIS,
PRIEUR, *Secrétaires.*

De l'imprimerie patriotique et républicaine, rue Saint-Honoré, n°. 355, vis-à-vis, l'Assomption.